ENCORE DU DESPOTISME !

OU

ADRESSE

A L'ASSEMBLÉE NATIONALE,

En faveur du nommé MUSCARD, Fourrier des Grenadiers au Régiment de Vivarais.

A PARIS,

De L'Imprimerie de L. POTIER DE LILLE,
rue Favart, N°. 5.

1790.

ENCORE DU DESPOTISME !

OU

ADRESSE

A L'ASSEMBLÉE NATIONALE,

En faveur du nommé MUSCARD, Fourrier des
Grenadiers au Régiment de Vivarais.

LE despotisme n'est plus ; le temps du bonheur &
de la liberté s'approche ; l'homme n'attendra plus
que la postérité rende à sa cendre une justice tar-
dive ; l'innocent ne gémira plus dans les fers :
voilà le cri des François, voilà ce que mon oreille
entend répéter tous les jours, & mon cœur en
gémit.... Oui, régénérateurs de la France, il est
encore des crimes, des tyrans, des hommes outra-
gés ; c'est la cause d'un de ces derniers que j'en-
treprends de plaider devant vous.

Muscard, Fourrier des Grenadiers, au Régiment de Vivarais, est, depuis six mois, la victime
du despotisme le plus criant ; on le promène de
prisons en prisons, comme un scélérat qu'on crain-

A

droit d'accoutumer à ſes maux, & cependant, eſt-
il coupable ? qu'on le demande à tout ſon corps ,
qu'on le demande aux citoyens de Béthune & à
tous ceux qui ont connus ce brave homme......
Son crime eſt l'amour , l'eſtime & la confiance de
ceux qui s'honoroient de l'avoir pour chef ; il eſt
grand, ſans doute, aux yeux d'un deſpote ; &
l'homme que je défends l'a bien éprouvé.

Muſcard eſt un homme dangereux ; .... il a ſoufflé
le germe de l'inſurrection dans le régiment de Vivarais..... donc il eſt coupable..... donc on doit
ſévir contre lui. C'eſt ainſi qu'on l'accuſe ; c'eſt
en vertu de ces paroles vagues & ſans fondement,
qu'on l'a d'abord chargé de fers , & que depuis , un
miniſtre inſenſible & barbare le prive , par un
ordre arbitraire, de la liberté , ce bien que vos
auguſtes décrets ſembloient devoir nous aſſurer
pour toujours.

Muſcard eſt un homme dangereux ! .... Je ne
vois dans ces mots que le cri d'une vingtaine de
tyrans, aux yeux de qui l'amitié d'un ſubalterne
ſemble un délit pour le chef. Tous les individus
étoient égaux devant l'infortuné pour qui je parle ;
dans le temps où la diſcipline la plus atroce outra-
geoit la nature & dégradoit l'homme, Muſcard ne
ſe regardoit pas comme un être ſupérieur au ſoldat
qu'il commandoit ; ſenſible & vertueux , il étoit

son père, & non pas son tyran : aussi, chéri,
respecté, servi avec zèle, on le voyoit au milieu
de ses grenadiers comme un bon père au sein de sa
famille ; le subordonné, courbé sous le poids d'un
devoir tyrannique, se soutenoit par son exemple,
& si quelquefois le désespoir prenoit le dessus, alors
les avis les plus sages ramenoient à l'ordre un cœur
égaré par le despotisme des ordonnances les plus
futiles & les plus assujettissantes. Je le demande à
tout homme qui a connu les abus du pouvoir arbitraire ; je vous le demande à vous, illustres Représentans de la Nation, vous qu'elle a assemblé
pour son bonheur & le rétablissement du droit
naturel, Muscard pouvoit-il se concilier l'estime
des premiers tyrans de son corps avec une pareille
conduite ?.... Non, sans doute, & un mortel
comme lui, juste, sensible & libre, dans des jours
d'abus & de tyrannie, n'étoit qu'un homme dangereux aux yeux des chefs qui, accoutumés à regar-
der le soldat comme le jouet de leurs caprices, &
montés sur les échasses du pouvoir, ne voyoient
que des esclaves dans des êtres que la nature avoit
rendus leurs égaux.

Résumons. Si l'homme dangereux est celui qui
cherche la paix & l'ordre, celui qui ramène au
devoir le malheureux qui s'en écarte, celui qui ne
parle que du respect & de la soumission aux chefs,

celui enfin qui fe montre par-tout le défenfeur &
l'ami des droits facrés de la nature, Mufcard, fans
contredit, eft un homme dangereux ; fes accufa-
teurs triomphent, & on doit le livrer à l'indignation publique.

Il a foufflé le germe de l'infurrectiou dans le
régiment de Vivarais!.... C'eft ici où fes ennemis
veulent le trouver coupable & le plus odieux des
hommes. C'eft ici où les preuves tombent de tous
côtés, & font de Mufcard un rebelle qui a enve-
loppé un corps entier dans fon crime. Mortel infortuné ! toi que des tyrans veulent avilir par des
fers qui ne déshonorent que le criminel, il te
refte encore des amis ; une ville entière (Béthune)
a vu la verge du defpotifme s'appefantir fur toi ;
ton innocence l'a faite gémir, & elle a pleuré fur
ton fort ; tes foldats, tes enfans te demandent
fans ceffe, & le monftre acharné à ta perte n'a
pas encore voulu te rendre à leurs cris ; mais ton
heure eft venue, & le temps où la France entière
veut arracher au trône defpotique le plus lâche &
le plus coupable des miniftres (1), eft celui de ta
liberté & de ton bonheur.

Y a-t-il eu infurrection dans le régiment de
Vivarais ? Mufcard étoit-il le moteur & même

_____

(1) La Tour-du-Pin, miniftre de la guerre.

étoit-il préſent à cette inſurrection ? C'eſt ce qu'il faut conſidérer.

Le premier chef n'entre pas dans mon plan ; qu'on qualifie du nom d'inſurrection , un effort généreux pour le recouvrement de la liberté, c'eſt ce qui ne me regarde pas ; mais qu'on accuſe un brave homme d'avoir ſoulevé ſon corps, c'eſt ce que ſon ami ne peut voir ſans frémir d'indignation ; le défendre eſt donc un devoir pour lui , & ce devoir , il va s'en acquitter avec confiance.

Muſcard eſt-il le moteur de la prétendue inſur-rection dont on accuſe la plus grande partie du régiment de Vivarais ? Non , & je crois l'avoir déja prouvé en peignant mon ami comme un homme ſenſible , généreux , & captivant l'amour du ſoldat par ſes vertus. Mais les chefs, ces tyrans qui dénaturent tout , & méconnoiſſent le bien parce que leur ame flétrie n'en a jamais goûté les char-mes, n'ont vu , dans un être adoré de tout ſon corps, qu'un ſéditieux qui s'inſinuoit par une feinte douceur & une adroite partialité , dans les cœurs de ceux qui le nommoient leur père..... c'eſt pour-quoi ſa conduite , ſon caractère , ſes vertus ſont nulles pour ſa défenſe ; il faut des faits , & je vais en donner ; reprenons les choſes dès le principe.

Lorſque la compagnie des grenadiers alloit ſe livrer au déſordre & à l'anarchie , pour arrach..

au reſſentiment du chevalier de Mailler, un individu qu'il privoit de ſa liberté pour un rien (1), Muſcard l'arrête : « un pareil acte, dit-il, va vous
» déshonorer ; notre camarade eſt la victime d'un
» caprice ; mais un chef eſt toujours chef ; reſpec-
» pectons en lui le roi, qui l'a mis à notre tête ;
» allons lui demander la liberté de celui que vous
» ne voulez devoir qu'à la violence , & j'eſpere
» que, ſatisfait de votre démarche, il ſaura con-
» cilier votre devoir avec vos intentions. »

Un parti auſſi beau, auſſi conforme à l'ordre &
à la diſcipline , eſt accepté; on députe vers le
chevalier de Mailler le commandant de la compagnie , pour réclamer un camarade qu'on oſe croire
aſſez puni. Mais le deſpotiſme ſe tait pendant pluſieurs heures , & enfin la réponſe eſt un ſecond
arrêt qui prolonge la peine du prétendu coupable.

---

(1) Ce rien, le voici. Le chevalier de Mailler trou-
vant un grenadier mal peigné à ſon goût , conſigna le
caporal. Ce dernier ſortit pour faire les proviſions comme
à l'ordinaire, & fut rencontré par notre chevalier, qui
l'envoya en priſon. Voilà cependant le principe de la
perte d'un régiment ! ... une friſure brouiller tout un
corps ! .... la poſtérité le croira-t-elle ? Oui, ſi elle
conſidère tout ce que peuvent la baſſeſſe & la rage d'un
tyran.

La rage alors fuccède à l'impatience , & l'on rend à la liberté un homme que l'injuſtice en avoit privé. Des êtres accoutumés à fléchir ſous la verge du pouvoir , & que la barbarie ſeule avoit porté à la violence , ſe trouvèrent étonnés de leur audace ; ils doutoient encore de la juſtice de leur cauſe, & pour rendre leur innocence inconteſtable , ils la firent contraſter avec la conduite de leur tyran , dans un mémoire où ils le peignirent tel qu'il avoit été depuis ſon arrivée au régiment. Là , on le voyoit dur , inflexible , barbare , & enchériſſant même ſur la rigidité des ordonnances , par des procédés iniques & révoltans ; là , on rappelloit les cruautés qu'il avoit exercées au régiment de Royal des vaiſſeaux ; là enfin , on n'oublioit pas de dire qu'à ſon entrée dans Vivarais , les officiers avoient d'abord refuſé de communiquer avec lui , & que ce n'étoit qu'avec répugnance qu'ils l'avoient admis à leur table.

Enfin , après une mûre délibération , on vota une députation au comité permanent de Béthune , pour l'inſtruire des griefs qu'on reprochoit au chevalier de Mailler , & le prévenir qu'il étoit impoſſible au régiment d'obéir à un chef à qui il ne pouvoit accorder ſon eſtime. On chargea en même temps l'adjudant d'inſtruire ledit chevalier du réſultat de la délibération.

M. de Mailler , invité par le comité de venir
rendre compte de sa conduite , ne comparut point
& profita des ténèbres de la nuit pour abandonner
un corps où il laissa la mémoire la plus odieuse.
Il est à remarquer que Muscard n'assista point à
cette seconde délibération ; pendant qu'on arra-
choit un innocent à la dent de l'inflexible Mailler ;
pendant qu'on analysoit sa tyrannie ; pendant enfin qu'agité par la crainte & les remords, il fuyoit
loin de ses juges, Muscard , l'infortuné Muscard,
oublioit , au sein du plaisir & de ses amis , les dé-
sagrémens attachés à son état , & ce ne fut qu'à
sa rentrée qu'il apprit tout-à-la-fois la conduite des
soldats & le départ de son lieutenant-colonel.

Heureux , oui , mille fois heureux ce régiment,
aujourd'hui si délabré , si mon ami avoit assisté à
cette assemblée qui condamna son chef ! Toujours
partisan de l'union & de la tranquillité ; toujours
sachant désarmer , par sa douceur , jusqu'au despotisme le plus altier & le désespoir le plus juste d'un
subordonné qu'on avilit , il auroit concilié les deux
partis , & du chaos tumultueux d'une licence bien
pardonnable , on auroit vu jaillir les rayons de
l'ordre & de la plus exacte subordination. Le calme
succéda bientôt à l'orage ; mais des tyrans outrés
de voir un de leurs associés dépouillé des attributs
du despotisme , & craignant sans doute que le

foudre de la liberté ne les précipitât auffi de leur trône arbitraire dans la fphère des hommes que leur orgueil plaçoit au-deffous d'eux, n'épargnoient rien pour rétablir le méprifable & odieux chevalier de Mailler dans tous les droits.

Le régiment, fatigué de recevoir une infinité de lettres à ce fujet, prit la fage réfolution d'informer l'Affemblée Nationale de fa conduite & de fes motifs. Mufcard fut chargé de rédiger un mémoire où, comme il a déjà été dit, notre chevalier de Mailler étoit peint d'après nature. Après avoir été lu, fcruté & jugé vrai dans tous fes points, ce mémoire fut remis au fieur Mufcard, pour être par lui préfenté à l'Affemblée Nationale. Ce brave homme, chargé des réclamations de fon corps & des griefs reprochés à un être que fes cruautés auroient dû faire rayer de la lifte des hommes, alloit donc voler refpectueufement devant vous ; il alloit vous peindre la fituation critique de fes camarades ; il alloit vous conjurer de répandre fur fon corps cette rofée de bonheur dont la France étoit déjà inondée : mais le defpotifme triomphe encore ; (1) on refufe un congé à l'ami

_____

(1 Il n'eft pas inutile de remarquer que, pour excufer ce refus, les officiers ont paru vouloir fe charger des réclamations du corps, & ont fait faire, par s fous-

du régiment , & , toujours fidèle à ſes devoirs &
à l'ordre , il reſte, ſans conſidérer ſi la voix du
pouvoir qui l'arrête eſt celle de la juſtice ou de la
tyrannie.

On imagina une infinité de moyens pour enga-
ger les ſoldats à reprendre leur lieutenant-colonel ;
on s'y prit de toutes les manières ; prières, pro-
meſſes, menaces, tout fut employé , tout fut inutile. Un homme que le deſpotiſme abat ſous le
poids de ſon injuſtice, eſt-il reſponſable de la conduite de ſes frères ? Muſcard, dont la franchiſe n'eſt
pas la moindre vertu, n'avoit pu refuſer à ſon
cœur la ſatisfaction de faire un mémoire vrai &
reconnu comme tel par tout ſon corps ; cependant
c'eſt là tout ſon crime, & les tyrans qui l'accablent
ne peuvent lui en reprocher d'autres. Ils ont dit :
c'eſt un homme dangereux.... Pourquoi ? Parce
qu'en mettant au jour la conduite odieuſe du chevalier de Mailler, il a éclairé le ſoldat , qui a

---

officiers, un autre mémoire oppoſé au premier, lequel,
à l'inſu du régiment, a été ſigné par eux. Le deſpotiſme n'a pas été oublié dans cette action, puiſque ceux
d'entre les ſous-officiers qui ont refuſé de ſigner ce ſecond mémoire, ont été ignominieuſement renvoyés du
régiment, au mépris de pluſieurs années de ſervice & de
bonne conduite.

trouvé, dans les crimes de fon chef, des motifs affez puiffans pour s'en défaire. Ils ont dit : *il eſt le moteur de l'inſurrection.....* Pourquoi ? Parce que les lumières qu'il a répandues ont ſervi à faire l'effort le plus généreux pour la liberté, & à écraſer un hydre que l'ariſtocratie regrette encore. S'il eſt coupable, j'oſe le dire, vous l'êtes auſſi, généreux Repréſentans de la nation ; qu'a-t-il fait que vous n'ayez pas fait ? Oſons (ſi un ſimple individu peut entrer en parallèle avec des Légiſlateurs), oſons, dis-je, mettre ſa conduite à côté de la vôtre.

Vous, par la déclaration des droits de l'homme & du citoyen, vous avez fait jaillir dans toute la France le feu ſacré de la régénération à la liberté & aux droits de la nature. Lui, par ſon mémoire, où il peint un tyran tel qu'il eſt, il a fait voir au ſoldat le deſpotiſme affreux qui le fouloit aux pieds. Vous, par des décrets ſages & prudens, vous avez réprimé dans le peuple cet abus d'une liberté qu'il ne connoiſſoit pas affez pour en jouir ſans trouble. Lui, par ſa ſoumiſſion aux ordonnances, par ſes avis, par ſon exemple, il a réprimé l'ardeur du ſoldat qu'il venoit d'éclairer ; il lui a appris à concilier ſon devoir avec ſa liberté, & a rempli en petit la tâche que vous, eſpoir de la nation, devez enfin remplir pour le bonheur de tous.

Revenons. Frappés de la fermeté du régiment à refuser le chevalier de Mailler, les chefs mirent en usage un dernier moyen qui ne leur réussit que trop.

Le 26 Janvier, à quatre heures du matin, arrivent des ordres précis de partir à midi pour Verdun. Le soldat soumis & n'osant même soupçonner le coup affreux qu'on lui préparoit, fit ses adieux sans murmurer & partit avec regret d'une ville où il étoit chéri, & où le civisme le plus pur l'identifioit avec les habitans (1). Il est inutile d'exposer sous vos yeux tout ce qui s'est passé à Lens le lendemain ; le despotisme a bien déployé toute sa rage dans cette scène affreuse où les élémens sembloient conjurés avec lui pour faire remonter le chevalier de Mailler sur le trône de la tyrannie ; il suffit de dire que l'infortuné Muscard ne fut pas témoin de ce dernier acte de puissance arbitraire ; il étoit à Douai & ignoroit la dissolution du régiment & l'anarchie qui y régnoit. C'est

_____

(1) Muscard n'ayant joué aucun rôle dans cette scène malheureuse, nous avons cru pouvoir nous dispenser d'un récit qui d'ailleurs est consigné dans plusieurs procès-verbaux, & dont on pourra encore revoir la minute, si l'auguste Assemblée daigne s'occuper sérieusement de cette affaire.

là , où il n'étoit que pour obéir à la voix de son devoir ; c'est là , dis-je , que , par la trahison la plus indigne , on l'arrêta ; c'est là où il perdit le seul bien digne de l'homme & de ses soins , la liberté ; c'est le 27 Janvier que mon ami , l'ami du régiment & de tout homme de bien , fut arrêté , chargé de fers , traité comme un scélérat , & conduit, sous bonne garde , au fort de Scarpe. Depuis, qu'en a-t-on fait ? S'est-on mis en devoir de le juger légale-ment ? a-t-on produit des accusateurs , des témoins de crimes ? a-t-on daigné l'entendre , lui & tout le régiment qui protestoit de son innocence ? a-t-on jeté seulement les yeux sur cette déclaration solemn-nelle , signée de près de trois cents soldats , où on expose toute sa conduite , où on parle de lui comme d'un père , d'un chef qu'on aime & qu'on voudroit arracher , au prix du sang , à la dent du monstre qui l'opprime ? Non , sans doute , ... la calomnie vouloit le perdre , & elle évitoit toute forme légale. Le ministre , cet être cruel & borné , qui ne voit que par les autres , a écouté la voix trompeuse & bar-bare des ennemis du malheureux que je défends ; ils l'ont peint , à ses yeux , comme l'auteur & le moteur de ce qu'ils nommoient , avec emphase l'affreuse insurrection du régiment de Vivarais. « Il » a tout fait, ont-ils dit; les autres victimes nous « échappent , en se jettant dans les bras de ceux

» qu'un enthousiasme passager décore du nom de
» citoyens; gardons celle-ci, appesantissons sur elle
» tout le poids de notre rage, & que quelqu'un
» tremble encore sous le glaive de notre pouvoir ».
Voilà ton arrêt, cher Muscard; voilà ce qui a décidé
le ministre à lancer contre toi un ordre arbitraire,
en vertu duquel on t'a privé de tout commerce avec
les hommes. Oui, illustres représentans de la nation,
augustes défenseurs de nos droits, Muscard, depuis
la malheureuse catastrophe arrivée à son régiment,
est traîné de cachots en cachots; il gémit aujour-
d'hui dans les prisons de Rodomade, sous la garde de
trente soldats du régiment de Bouillon suisse. Ce
n'est plus un soldat que l'on prive de sa liberté, ce
n'est plus un subordonné qui a engagé sa parole &
son honneur pour un temps limité, c'est un citoyen
rendu à la société par l'expiration de son congé;
c'est un homme qui, depuis le mois de juin, auroit
été offrir, dans ses foyers & à ses concitoyens, des
services dont la patrie a lieu d'être satisfaite, si, au
grand mépris du droit des gens & de l'humanité, la
tyrannie ne le retenoit encore. Si du moins il n'étoit
privé de tout, si du moins on permettoit à des amis
de l'approcher; mais non, ... plusieurs ont voulu
sécher ses larmes, plusieurs ont tout hasardé pour
le voir, pour contempler celui qui souffroit pour
eux, & bientôt un arrêt diffamant les a éloigné

du corps, & ils ont été traités comme des complices du malheureux dont ils cherchoient à alléger les chaînes.

Mon cœur saigne quand je pense à ce nouveau Latude ; je frémis d'indignation quand je vois triompher un monstre sur le trône ministériel, & gémir au contraire sous le fouet de son injustice, un homme, un françois, un citoyen qui a mille voix en faveur de son innocence.

Daignez, ô vous dont le foible implore la tutelle ! daignez rendre à la liberté un homme, à la patrie un serviteur zélé, au soldat un père, à la société un membre utile, & à moi l'ami le plus cher..... Daignez jetter un œil compatissant sur un citoyen, martyr de son bon cœur, de sa franchise & de sa probité. Si vos augustes travaux peuvent éprouver un instant de distraction, prenez en main la défense des trois cents malheureux que la bienfaisance a reçu dans ses bras à Béthune, & que le ministre a flétri par des ordres injustes & illégaux. Que sont-ils devenus, ces trois cents soldats, qui n'ont d'autre crime que leur patriotisme ? Sans congé, sans asyle, peut-être, ils sont réduits à tout ce que le désespoir a de plus déchirant. Munis d'un certificat insignificatif, leurs services sont oubliés & anéantis ; on les refuse par-tout, & des braves gens sont forcés d'avoir recours au mensonge, & de renier leur

propre régiment pour obtenir du pain & des places.
Quelques-uns, glissés dans la garde nationale pa-
risienne, malgré les ordres cruels qui les en rejet-
joient, ont été reconnus par leur colonel, & sur le
champ on les a rayé de la liste des citoyens, après
leur avoir fait souffrir tous les maux d'une longue
& barbare détention ; moi-même, moi qui plaide la
cause du plus innocent des hommes, moi qui ai
toujours cru & crois encore avoir sacrifié au civisme,
en suivant mes frères à Béthune (1), je suis aussi
sans congé ; en vain je cours depuis six mois au
bureau de la guerre, en vain je demande comme
une grace ce que le plus sacré des droits exige pour
moi ; on me refuse ; on me congédie sans satisfac-
tion, & je gémis encore de me voir, pour ainsi
dire, flétri, & de perdre, par la barbarie d'un

---

(1) Le sacrifice dont je parle est d'autant plus grand,
que, comme Muscard, je n'assistai point à la catastrophe
du régiment ; j'allois à Lens, quand je rencontrai les
trois cents de mes frères qui avoient refusé de reconnoître
le chevalier de Mailler, & que ce ne fut que pour leur
épargner des fautes, les ramener à l'ordre, & leur faire
observer une discipline, même dans leur prétendue insurrection, que je les suivis à Béthune; ce fait est bien constaté
par un certificat que m'a accordé la municipalité de cette
ville pour cet objet, certificat que je produirai si j'en suis
requis.

miniſtre , le fruit de vingt-un ans de ſervices....
Ici les larmes coulent.,.... les malheurs de mon
ami, de trois cents de ſes frères , qui ſont auſſi les
miens , ma propre infortune diſſout en moi juſqu'au
ſentiment de la douleur..... mon cœur ſe reſſerre,
mon ame, écraſée ſous la roue du malheur, eſt inſenſible à des maux ; non , je ne puis plus me
plaindre , je ne puis plus exhaler le cri de la foibleſſe
opprimée..... Regardez mon ami dans l'abandon
& dans les fers, voyez mes frères dans l'indigence
& le déſeſpoir, jettez les yeux ſur moi, que l'infortune écraſe auſſi bien qu'eux..... Secourez-nous,
pères & régénérateurs de tous , défendez-nous ; &
puiſſe la France , ravie , retentir bientôt des cris
d'une reconnoiſſance qui n'aura d'autres bornes que
celles de notre vie !

> LACROIX , ci-devant ſous-officier
> au régiment de Vivarais.

www.ingramcontent.com/pod-product-compliance
Lightning Source LLC
Chambersburg PA
CBHW070747280326
41934CB00011B/2830